Texte d'Yvette Barbetti
Illustrations d'Olivier Vaillon

Conseil scientifique : Thierry Auffret Van der Kemp
Chef du Département Sciences de la Vie du Palais de la Découverte

La vie des animaux de la forêt

Éditions Lito

Sommaire

Le roi de la forêt

Avec sa grande couronne de bois sur la tête, le cerf se promène, majestueux.

Pourquoi le cerf a-t-il des bois ?

Pour défendre son territoire contre les adversaires qui essaient d'entrer chez lui. Le cerf se bat aussi pour conquérir une ou plusieurs biches.

Le cerf peut-il perdre ses bois ?

Chaque année, les bois du cerf tombent.
Peu à peu, ils repoussent, recouverts d'une peau qui le chatouille.
Alors il se gratte contre un arbre pour s'en débarrasser.

Comment s'appelle le cri du cerf ?

C'est le brame. Pour attirer les biches et éloigner les autres cerfs au moment des amours, le cerf pousse ce cri qui s'entend de très loin dans la forêt.

Comment s'appelle le bébé cerf ?

C'est le faon. Un peu maladroit, il tient déjà debout sur ses pattes et commence à téter la biche, sa maman. Son pelage est couvert de taches blanches qui vont disparaître lorsqu'il sera plus grand.

L'écureuil

L'écureuil dort-il dans un terrier ?

Au sous-sol, l'écureuil préfère la cime des arbres.
Son nid fait de brindilles est tout rond.
L'intérieur est tapissé de mousse pour accueillir toute sa petite famille.
Les petits écureuils jouent à cache-cache en se poursuivant dans les branches.
Leur queue n'est pas encore en panache.

Que fait l'écureuil avant l'hiver ?

L'écureuil malin enterre ses provisions.
Étourdi, il oublie parfois ses cachettes.
Mais grâce à son flair, il les retrouve même sous la neige.

Que fait l'écureuil en hiver ?

Il dort souvent dans la journée, dans le nid bien au chaud.
Sa queue lui sert de couverture.

Que fait l'écureuil dans les arbres ?

Il choisit de préférence un arbre où il y a de bonnes choses à manger : noisettes, glands, ou pommes de pin, il en raffole ! Rapide comme l'éclair, il grimpe aux arbres en s'accrochant à l'écorce avec ses griffes.

Sa queue lui sert de balancier pour garder son équilibre quand il saute de branche en branche.

Et hop ! il redescend aussi facilement, la tête en avant !

Dans la terre et sur le sol

Les feuilles mortes tapissent le sol de la forêt et forment une litière. Dessous, il y a une couche de terre noire, épaisse et humide, dans laquelle vivent de drôles de petites bêtes. C'est l'humus.

Pourquoi le ver de terre vit-il dans la terre ?

Il ne supporte pas le soleil qui lui dessécherait la peau et le ferait mourir, alors il vit dans la terre où il trouve tout ce dont il a besoin pour se nourrir.

Le mille-pattes a-t-il vraiment mille pattes ?

S'il n'en a pas mille, il en a au moins trente ! Grâce à elles, il court, se faufile partout et peut aussi s'enfoncer dans la terre.

Qui est le cloporte ?

C'est un crustacé, comme la crevette ! Mais lui vit sur le sol, sous les pierres et sous les feuilles et arbres morts, et il se roule en boule si on le touche.

Que font les petites bêtes qui vivent sur le sol ?

La limace, qui se déplace en rampant, mange beaucoup de champignons et se cache sous leur chapeau !

L’araignée tisse une toile pour attraper des insectes, qui viennent s’y faire prendre.

Les fourmis passent leur temps à transporter des tas de choses à manger dans leur maison, la fourmilière.

En famille

Comment s'appellent les bébés lapins ?

Ce sont les lapereaux. Ils ne s'éloignent pas du terrier, au cas où le renard pointerait le bout de son nez ! Entre deux galipettes, un brin de toilette, les lapereaux grignotent les brins d'herbe et les écorces sous la haute surveillance de maman lapin.

Aux aguets

Qui chasse l'écureuil ?
Du haut de son perchoir, la martre est aux aguets. Aussi agile que l'écureuil, elle est son principal ennemi et lui, son repas préféré.

Qui croque les lapins ?
C'est le putois. Il pousse des cris et en plus il sent très mauvais. Il guette les lapins et n'hésite pas à les manger.

À la queue leu leu

Comment se déplacent les bébés musaraignes ?
Maman musaraigne et ses petits sont de sortie. Ils forment une drôle de caravane. Ils avancent en se tenant par la queue avec leurs dents !

Des piquants partout

Avec ses milliers de piquants,
le hérisson ne craint presque rien.

Pourquoi le hérisson se roule-t-il en boule ?
Dès qu'il se sent en danger, au moindre bruit, le hérisson se roule en boule en dressant ses piquants pour se protéger. Le renard, pas si rusé, aimerait bien le croquer, mais il ne tient pas à se faire piquer le bout du nez !

Que mange le hérisson ?
Avec son nez pointu, il furète sous les feuilles, à la recherche de limaces, d'escargots et de vers. Il peut aussi manger des petits serpents.

Un museau pointu

Où vit la taupe ?

Un museau pointu, des mains griffues, la taupe est presque aveugle et vit sous terre dans son vaste réseau de galeries.

Que mange la taupe ?

Des vers, des insectes : dans la terre, il y a tout ce qu'il faut !
Gare à la limace étourdie qui tombe dans le trou, elle sera avalée tout cru.

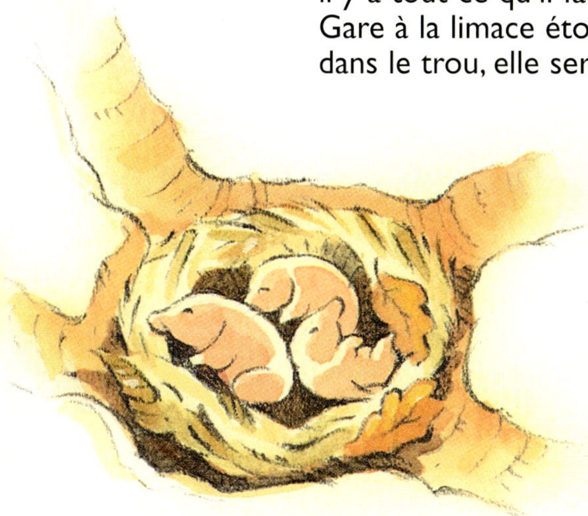

Comment sont les bébés taupes à la naissance ?

Tout lisses et blanc rosé !
Ils naissent au printemps.

Comment la taupe creuse-t-elle ses galeries ?

Elle s'enfonce dans le sol, soulève la terre avec son museau, creuse avec ses griffes et rejette vers l'extérieur des petits tas qui forment des taupinières.

Des oiseaux à tous les étages

Du sol à la cime, que font les oiseaux dans l'arbre ?

Pour manger les escargots, la grive casse leurs coquilles en les tapant sur des pierres. Le merle et la bécasse au long bec cherchent des vers dans la terre. Le pic creuse le tronc pour y trouver des larves d'insectes du bois. Le pinson grimpe aux branches pour y trouver des graines. La fauvette et la mésange bleue volettent à la recherche d'insectes. Chut ! le hibou essaie de faire la sieste ! À tous les étages, il y a de quoi manger pour tout le monde !

Comment l'oiseau fait-il son nid ?

À l'étage qui lui convient, l'oiseau choisit un endroit pour installer son nid et mettre ses petits à l'abri. Chaque fois qu'il ramène des brindilles, de la mousse, des brins d'herbe, des feuilles, des plumes, l'oiseau s'installe au centre du nid et tourne sur lui-même pour donner une forme à sa future habitation.

Des oiseaux de nuit : la chouette et le hibou

Comment reconnaît-on la chouette et le hibou ?

Une tête ronde, deux gros yeux, un bec crochu, ils se ressemblent, mais le hibou, lui, porte des plumes sur la tête, comme s'il avait des oreilles ! La chouette et le hibou dorment le jour. C'est seulement la nuit qu'ils sortent pour chasser. Ce sont des rapaces.

Comment chassent la chouette et le hibou ?

Ils volent en silence dans la nuit noire, aux aguets. Gare au campagnol qui sort de son terrier ! Ils se laissent tomber sur lu l'emportent dans leurs griffes recourbées avant de l'avaler tout cru.

Que font les oiseaux de nuit dans la journée ?

Ils se reposent ! Sur son perchoir, une chouette essaie de s'endormir. Mais elle est souvent dérangée par les petits oiseaux qui viennent lui tourner autour en poussant des cris d'alarme pour avertir leurs compagnons du danger.

Où la chouette et le hibou font-ils leur nid ?

La chouette installe sa nichée dans un trou d'arbre. Le hibou choisit plutôt un nid abandonné sur un arbre.

La maison des blaireaux

Dans la maison des blaireaux, il y a plein de galeries, des chambres pour les tout-petits, des dortoirs pour les plus grands et même des cabinets !

Comment vit le blaireau ?

Avec son museau pointu et ses pattes griffues, il passe beaucoup de temps à creuser de nouvelles galeries pour embellir son terrier.
Il ne sent pas très bon et pourtant il aime la propreté ! Il fait souvent le ménage, les chambres sont nettoyées, les vieilles litières changées, et pour aérer, il construit même une petite cheminée !

Comment le blaireau fait-il sa toilette ?

Il se gratte très fort contre un arbre, puis avec beaucoup de soin, il enlève toutes les petites bêtes qui se cachent dans ses poils.

Que fait le blaireau la nuit ?

Il s'est reposé toute la journée dans sa chambre à coucher ! La nuit venue, il sort pour manger, accompagné de ses petits. Le ver de terre est son plat préféré ! Il en avale des dizaines en les aspirant comme des spaghettis !

Entre deux repas, les petits blaireaux s'amusent une bonne partie de la nuit !

Les petits rongeurs

Les dents des rongeurs s'usent-elles ?

À force d'être frottées contre les racines, les noisettes, les glands et autres graines, les incisives des rongeurs finissent par s'user. Mais comme ces dents poussent sans arrêt, ils peuvent continuer tranquillement à grignoter.

Il se nourrit de fruits et de graines en automne, et préfère manger des petits animaux de toute sorte au printemps et en été. C'est le lérot.

Il sort de son terrier pour grignoter les fruits de la forêt. C'est le mulot.

Il ronge sans arrêt, mais ce qu'il préfère ce sont les racines. C'est le campagnol.

Comment vit le loir ?

Dans la journée, il se cache.
À la tombée de la nuit,
il sort. Aussi agile
qu'un écureuil,
il saute de branche
en branche pour cueillir
ses fruits préférés !

Que fait le loir à la fin de l'été ?

Bien dodu, il s'installe dans son nid
pour y passer l'hiver
à « dormir comme un loir » !

Le renard

Que mange le renard ?

Le renard au pelage roux et au museau pointu est très rusé. Pour se nourrir, il chasse sans répit les petits animaux de la forêt. Gourmand, il ne dédaigne pas non plus quelques fraises des bois ou des mûres bien sucrées !

Comment s'appellent les petits du renard ?

Ce sont les renardeaux. La famille renard habite dans un grand terrier. Les petits sortent pour s'amuser sous l'œil vigilant de la renarde, leur maman. Bientôt eux aussi vont apprendre à chasser et à se défendre tout seuls.

Le sanglier

Que fait le sanglier dans la journée ?

Énorme et impressionnant, le sanglier est pourtant craintif. Alors dans la journée, il se cache et s'il le peut, il se livre à son activité préférée : patauger et prendre son bain dans une mare de boue.

Comment s'appelle le museau du sanglier ?

Plus allongé que celui du cochon, le museau du sanglier porte le même nom. C'est le groin. Il lui sert à chercher dans la terre des glands, des racines et des vers dont il se nourrit.

Comment s'appellent les petits du sanglier ?

Tout rayés de marron, ce sont les marcassins. Avec eux, leur maman, la laie, est très occupée. Elle peut avoir dix petits à la fois. Quelle famille nombreuse !

Drôles d'oiseaux

Quel est l'oiseau qui crie son nom ?

« Cou-cou ! cou-cou ! » Dès le printemps, on entend son chant dans le bois. C'est le coucou.

Où le coucou pond-il ses œufs ?

Le coucou pond ses œufs un par un dans les nids des autres oiseaux. Quand le petit coucou naît, il se débarrasse des œufs du nid en les jetant dehors. Il est nourri par ses parents adoptifs même s'il devient plus gros qu'eux !

Quel est l'oiseau qui plante des glands ?

C'est le geai des chênes. En automne, il prépare ses provisions pour l'hiver. Il ramasse des glands et les enfouit dans la terre. Mais il ne retrouve pas toujours ses cachettes, alors les glands germent. Ils deviendront peut-être des chênes.

Quel est l'oiseau qui cache des noisettes ?

C'est le casse-noix. Comme le geai, il fait des provisions. Il cache des noisettes dans la terre. En hiver, il arrive à les retrouver même sous une épaisse couche de neige.